ARRÊT
DE LA COUR
D'APOLLON,

Qui déclare le P. FRANÇOIS-XAVIER MAMACHI, Préfet des Classes au Collège de Rouen, atteint & convaincu du crime de plagiat ; & comme tel, le suspend à perpétuité de l'exercice & pouvoir d'enseigner la Jeunesse dans toutes les Académies du ressort.

1759.

ARRÊT
DE LA COUR
D'APOLLON,

Qui déclare le P. FRANÇOIS-XAVIER MAMACHI, Préfet des Classes au Collége de Rouen, atteint & convaincu du crime de plagiat; & comme tel, le suspend à perpétuité de l'exercice & pouvoir d'enseigner la Jeunesse dans toutes les Académies du Ressort.

EXTRAIT DES REGISTRES DU PARNASSE.

Du 7 Avril 1759.

CE jour, toutes les Chambres du Pinde, Parnasse & Hélicon assemblées, les Gens du Roi sont entrés, &

Mᵉ Boileau Despréaux portant la parole, ont dit :

MESSIEURS,

Nous apportons aux pieds de la Cour un exemplaire imprimé d'une matiere de vers dictée au Collége de Rouen le trois Mars de la présente année, par le P. François-Xavier Mamachi, Préfet des Classes dudit Collége, y faisant les fonctions de Professeur dans la Classe de Troisiéme, en l'absence du Professeur en titre ; & conçue en ces termes : *Heroas faciunt quandoque crimina fortunata ; felix crimen definit esse crimen. Quem Gallia probroso nomine prædonem appellat, appellabit Alexandrum modo fortuna sit felix. Ad arbitrium fortuna fontes fa-*

cit & absolvit. Prospera dat pretium crimini, adversa adimit.

Il ne faut, Messieurs, que jetter un coup d'œil sur cette Piece, pour se convaincre qu'elle ne renferme que des pensées communes, qui se présentent à l'esprit de tout le monde, que tout le monde dit, qu'on trouve par-tout, dont tous les Auteurs se sont servis, quand ils ont voulu, comme le P. Mamachi, peindre les folles idées & les jugemens insensés des hommes. Cependant, au mépris de la vérité & malgré la notoriété évidente des faits, ledit Pere a osé se donner pour auteur des pensées & maximes contenues dans ladite matiere de vers; il est venu à bout de le persuader au Public : par une témérité sans exemple, il a surpris la religion d'illustres Magistrats, jusqu'à obtenir d'eux, par ses menées & pratiques, des certificats en bonne forme qui le maintiennent dans la possession desdites pensées & maximes.

Vous êtes trop éclairés, Messieurs, pour ne pas sentir de quelle conséquence peuvent être dans l'Empire des Lettres de pareilles usurpations. Quel trouble dans l'Etat ! quelle sûreté pour les Citoyens, s'il est libre à tout Particulier d'envahir ainsi des héritages étrangers, établis sur les titres les plus incontestables, & appuyés de la plus ancienne possession ; ou s'il ne faut que de la hardiesse & du crédit pour s'en faire adjuger la propriété ! Les usurpateurs les plus audacieux triompheront donc avec insolence, l'impunité justifiera leurs attentats, & le brigandage heureux cessera d'être un crime.

Votre animadversion, Messieurs, semble d'autant plus nécessaire, que les excès en ce genre sont extrêmement multipliés dans la Société dont le P. Mamachi est membre. Car qui ignore l'adresse infinie, qui ne sçait l'enchantement inconcevable avec lequel les Ecrivains de cette Société fascinent les yeux de la multitude ; comment ils parviennent à faire passer dans l'esprit des ignorans, pour autant de découvertes qui leur sont dûes, des opinions antérieures à l'existence même de leur Société ? Comme si l'on n'avoit pas démontré cent fois jusqu'à l'évidence, que, dans la morale en particulier, ils n'ont fait que suivre le torrent des Auteurs qui les ont précédés, qu'ils se sont enrichis de leurs dépouilles, & que parmi cette foule innombrable de décisions dont on leur fait honneur, à peine en pourroient-ils citer une seule que plus d'un Ecrivain célebre ne fût en droit de revendiquer. N'avons-nous donc pas à craindre, si l'on ne met un frein à des entreprises si téméraires, que ces hommes ambitieux ne viennent enfin à tout envahir ; & que l'imposture montant à son comble, ils n'usurpent dans l'Empire des Lettres cette Monarchie universelle, qu'ils s'efforcent depuis si long-tems d'établir dans l'Etat civil & politique?

Une nouvelle circonstance, Messieurs, particuliere à l'événement qui nous fait élever aujourd'hui la voix, se joint à tant de considérations pour solliciter de plus en plus votre séverité. Les Parties léſées, que le P. Mamachi a entrepris si injuſtement de dépouiller de leurs domaines, implorent votre protection & réclament votre juſtice. Leur refuseriez-vous un appui qu'elles ne peuvent attendre que de vous seuls ? Vous trouverez, Messieurs, les titres de leur poſſeſſion clairement & manifeſtement énoncées dans une Requête qu'ils nous ont fait remettre, & dont nous laiſſons sur le Bureau une copie collationnée, avec les concluſions par écrit que nous avons jugé devoir prendre, afin que sur icelles, la Cour soit en état de statuer sur un objet si digne de son attention & de son zèle.

Eux retirés :

Ouï le rapport des Gens du Roi ; Vu les conclusions du Procureur Général, ensemble la Requête y jointe : LA COUR a déclaré & déclare le Pere François-Xavier Mamachi, Préfet des Classes au Collége de Rouen, dûement atteint & convaincu du crime de plagiat au premier chef; en ce que méchamment & contre toute vérité, il a entrepris de s'approprier, dans une matiere de vers par lui dictée le 3 Mars de la présente année, dans la Classe de troisiéme dudit Collége, des pensées & maximes précédemment énoncées en d'autres ouvrages écrits en vers ou en profe, dans toute langue & idiome quelconque, par des Auteurs de tout âge, condition & fexe : comme auffi d'avoir perfuadé au Public qu'il en étoit l'Auteur, & de s'en être fait donner des atteftations & certificats en bonne forme par un grand nombre de Magiftrats. Pour réparation de quoi la Cour l'a deftitué & deftitue de l'emploi de Préfet des Claffes qu'il exerçoit dans ledit Collége, le déclarant incapable de jamais enfeigner la jeuneffe dans toute l'étendue du reffort : Fait très-expreffes défenfes & inhibitions à toutes perfonnes, de quelque qualité & condition qu'elles foient, de regarder à l'avenir ledit Pere Mamachi comme auteur des penfées & maximes comprifes en la matiere de vers ci-deſſus mentionnée, ſous peine de nullité : Et quant à la Requête communiquée à la Cour par les Gens du Roi, attendu que les Supplians ont eux-mêmes uſurpé leſdites penſées & maximes ſur différens Auteurs anciens, tels que Decius Junius, Juvenal, Marcus Tullius Ciceron, Cyprien de Carthage, Auguſtin d'Hippone, & autres ſans nombre, ainſi qu'il appert par l'exhibition qui a été faite des paſſages deſdits Auteurs, par Me Gyot des Fontaines, Conſeiller Clerc en la Cour, nommé à cet effet; la Cour a débouté & déboute les ſuſdits Supplians de leur demande; ordonne que tant ladite Requête, que les paſſages y mentionnés & les autres, ſeront annexés à l'Arrêt de

ce

ce jour, comme faisant partie du Procès. Et sera le présent Arrêt imprimé, lû, publié & affiché par-tout où besoin sera. FAIT au Parnasse, ce 7 Avril 1759.

REQUÊTE

Présentée à Nosseigneurs tenant la Cour d'Apollon.

SUpplient humblement, Rousseau, Houdart de la Motte, Regnier, Massillon, Rollin, S. Evremont, la Bruyere, Bussy Rabutin, Daniel, la Rochefoucault, la Dame Deshoulieres & autres:

DISANT qu'ils ont appris par le bruit public, que le 3 Mars de la présente année il a été dicté, dans la Classe de

Troisiéme du Collége de Rouen, une matiere de vers contenant ce qui suit : *Heroas faciunt quandoque crimina fortunata*, &c.

Les Supplians n'ont pû voir sans étonnement que le P. Mamachi eût présenté à ses Ecoliers les pensées & maximes contenues dans cette matiere, sans les avertir des sources où il les avoit puisées, comme s'il eût voulu leur persuader qu'elles avoient été imaginées par lui & qu'il en étoit l'auteur. Les Supplians sont en état de justifier que longtems avant ledit Pere, ils avoient avancé lesdites pensées & maximes dans des ouvrages imprimés qui sont entre les mains de tout le monde : il est vrai que pour pallier l'usurpation frauduleuse du

Pere Mamachi, on a prétendu que dans les ouvrages des Supplians, les maximes & pensées, dont il est question, sont présentées dans un sens critique, & moins comme des vérités, que comme une peinture des mœurs; au lieu que la matiere de vers, dictée à Rouen, doit être entendue dans un sens moral & absolu. Mais il est aisé d'appercevoir que cette différence prétendue n'est nullement fondée en raison, & qu'elle n'a pû être imaginée qu'en faisant violence aux intentions mêmes du P. Mamachi; car il est de toute notorieté que lesdits vers furent faits par ledit P. Mamachi, il y a quatre ans, à l'occasion du nommé Mandrin, & que c'est ce fameux brigand qu'il avoit en vûe lorsqu'il disoit:

*Quem Gallia probroso nomine appellat
PRÆDONEM, appellabit Alexan-
drum modo fortuna sit felix.* Celui que
la France appelle aujourd'hui du nom
infâme de BRIGAND, elle le regardera
comme un Alexandre, si la fortune le favorise : expressions qui sont manifestement les mêmes que celles dont se sont
servis plusieurs des Supplians. De plus,
il est prouvé que ce Pere expliquant la
matiere à ses Ecoliers, prit soin de leur
faire remarquer le sens précis dans lequel ils devoient l'entendre, qui est positivement celui des Supplians : qu'en
outre il avoit voulu dicter quatre autres
vers qui faisoient partie de la même
matiere, & où ladite interprétation se
trouvoit clairement énoncée, & que les

repréfentations des Ecoliers fur la briéveté du tems qui partage l'intervalle des Claffes, empêcherent feules qu'ils ne fuffent dictés en effet. C'eft pourquoi il ne peut refter aucun doute que le P. Mamachi n'ait dérobé dans leur entier aux Supplians les maximes & penfées ci-deffus rapportées, & c'eft ce qui les autorife à demander à la Cour juftice de cet attentat.

Ce confidéré, Noffeigneurs, il vous plaife recevoir la préfente, déclarer ledit P. Mamachi coupable de plagiat, & ordonner envers les Supplians une réparation proportionnée au détriment qu'ils ont reçu : Et ferez juftice.

Signé, ROUSSEAU, HOUDART DE LA MOTTE & autres.

MATIERE DE VERS

Dictée le 3 Mars 1759, dans la Troisiéme du Collége de Rouen, par le P. Mamachi.

Heroas faciunt quandoque crimina fortunata, &c. Ce sont quelquefois des crimes heureux qui font les Héros. Un crime heureux cesse d'être crime. Celui que la France appelle aujourd'hui du nom infâme de brigand, elle le regardera comme un Alexandre, si la fortune le favorise. La fortune fait paroître coupable ou innocent à son gré. Ses faveurs donnent du prix au crime, ses revers le rendent odieux.

PREUVES DU PLAGIAT
DU P. MAMACHI.

Le peuple dans ton moindre ouvrage
Adorant la prospérité,
Te nomme grandeur de courage,
Valeur, prudence, fermeté.
Du titre de vertu suprême
Il dépouille la vertu même,
Pour le vice que tu chéris....
Rousseau, Ode à la Fortune.

Ceux-là cherchant leur gloire dans leurs crimes,
Pour maintenir des droits illégitimes,
Brigands réels sous le nom de Héros,
Du monde entier ont troublé le repos.
Le même, Allégories, liv. 2. Allég. 3.

Les champs de Pharsale & d'Arbele,
Ont vû triompher deux vainqueurs,
L'un & l'autre digne modele
Que se proposent les grands cœurs;

Mais le succès a fait leur gloire;
Et si le sceau de la victoire
N'eût consacré ces Demi-Dieux,
Alexandre aux yeux du vulgaire
N'auroit été qu'un téméraire,
Et César qu'un séditieux.

La Motte, Ode sur la sagesse du Roi.

Et pour un même fait, de même intelligence,
L'un est justicié, l'autre aura récompense,
Car selon l'intérêt, le crédit, ou l'appui,
Le crime se condamne ou s'absout aujourd'hui.

Regnier, Sat. 3.

Les projets qui arment les hommes les uns contre les autres, & qui font souvent de l'ambition d'un seul l'infortune publique, passent pour étendue de génie & pour supériorité de talens: l'art d'élever sur un patrimoine obscur une fortune monstrueuse, aux dépens souvent de l'équité & de la bonne foi, est la science des affaires & la bonne conduite domestique. *Massillon, Sermon sur le salut.*

» Un Pirate lui parla (à Alexandre)
» dans le même sens & avec encore plus
» d'énergie. Alexandre lui demandoit
» quel droit il avoit d'infester les mers.
» Le même que toi, *lui répondit-il avec*
» *une fiere liberté*, d'infester l'Univers;
» mais parce que je le fais avec un petit
» bâtiment, on m'appelle Brigand; &
» parce que tu le fais avec une grande
» flotte, on te donne le nom de Conque-
» rant. « *Rollin, Hist. anc. Tom. 6.*

Le crime trouve moins d'aversion dans les esprits, lorsqu'on met tant d'adresse & de dextérité à le conduire. *Saint-Evremont.*

Peu s'en faut que le crime heureux ne soit loué comme la vertu. *La Bruyere.*

La fortune fait paffer les crimes des gens heureux pour des bagatelles, & les bagatelles des malheureux pour des crimes. *Buffy-Rabutin, Lett.*

Si le crime eft heureux & qu'il fe foutienne, il eft adoré, & fouvent regardé comme le prodige de la politique, de la prudence, du courage, & comme le chef-d'œuvre de l'efprit humain. *Daniel, Hift. de France, T. 1. Regne de Pepin.*

Il y a des crimes qui deviennent innocens & même glorieux par leur éclat. *La Rochefoucault.*

Les grands crimes immortalifent
Autant que les grandes vertus.
Mad. Deshoulieres, T. 2. Réflex. mor.

Aude aliquid brevibus Gyaris & carcere dignum Si vis effe aliquis.

Voulez-vous jouir de quelque confidération, signalez-vous par des forfaits dignes de l'exil ou des cachots. *Juv. Sat.* 1.

. . . . *Multi*
Committunt eadem diverso crimina fato
Ille crucem sceleris pretium tulit, hic diadema.

Des crimes semblables ont souvent des succès bien différens. La même action conduit l'un à la potence, & place l'autre sur le trône. *Id. Sat.* 13.

Homicidium cum admittunt singuli, crimen est: virtus vocatur, cum publicè geritur. Impunitatem sceleribus acquirit, non innocentiæ ratio sed sævitiæ magnitudo.

L'homicide est un crime dans un particulier : si plusieurs le commettent, on l'appelle une vertu. L'impunité n'est point le fruit de l'innocence, mais de la grandeur de l'attentat. *S. Cyprien, Ep.* 1. *à Donat.*

Esse inter nocentes innoxium, crimen est... consensere jura peccatis, & cœpit licitum esse quod publicum est.

Etre innocent au milieu des coupables, c'est un crime. Les loix font de concert avec les coupables, quand le crime est public: l'habitude de le commettre le rend permis. *Id. ibid.*

Eleganter & veraciter Alexandro illi magno comprehensus Pirata respondit. Nam cum idem Rex hominem interrogasset, quid ei videretur, ut haberet mare infestum : ille liberâ contumaciâ. Quod tibi, inquit, ut orbem terrarum. Sed quia id exiguo navigio facio, latro vocor ; quia tu magnâ classe, imperator.

Il y a beaucoup de finesse & de *vérité* dans ce que répondit un Pirate à Alexandre le Grand. Car ce Prince lui ayant demandé quel droit il avoit d'infester les mers : le même que toi, répondit-il, &c. Voyez ci-dessus. *S. Aug. de Civit. Dei.* Cet exemple cité par S. Augustin, est tiré d'un fragment de Ciceron.

FIN.

www.ingramcontent.com/pod-product-compliance
Lightning Source LLC
Chambersburg PA
CBHW070530050426
42451CB00013B/2942